Bébés
yoga
à 14h
Sophie
Georges
Émilie
Zoé
Manon

Pour Rex et Honey

En plus d'être une activité formidable pour toute la famille, le yoga a des effets très relaxants. Sa pratique est excellente pour la coordination, la santé et le bien-être. Et, cerise sur le gâteau, le yoga est amusant ! J'adore faire du yoga avec mes enfants, mais je ne suis pas professeur. Bien que les textes et illustrations de cet ouvrage aient été approuvés par un instructeur de yoga qualifié, *Bébés Yoga* n'est pas un manuel. Le yoga pour les bébés est une activité amusante à partager avec ses enfants, mais il vaut mieux ne pas laisser ces derniers essayer des postures sans surveillance. J'espère que vous passerez un formidable moment parent-enfant avec mes Bébés Yoga.

Fearne

Titre original : *Yoga Babies*
Publié pour la première fois par © Andersen Press Ltd., 20 Vauxhall Bridge Road, London SW1V 2SA, 2017
Texte © Fearne Cotton 2017
Illustrations © Sheena Dempsey 2017
Mise en page : Philip Garcia

ISBN : 978-2-401-03296-5 • Loi n° 49 956 du 16 juillet 1949 sur les publications destinées à la jeunesse
Imprimé en Chine
Dépôt légal : 03296-5/01 - avril 2018

FEARNE COTTON

Bébés Yoga

Illustrations de SHEENA DEMPSEY

Hatier jeunesse

Nous sommes les Bébés Yoga.
Regarde tout ce que l'on sait faire !

Georges s'assied le dos bien droit.

Et toi, sais-tu faire cela ?

Voici Zoé.
Elle adore toucher le bout de son nez...

... surtout avec ses doigts de pied !

Tu as vu comme le pont de Maya est beau ?
Elle sait très bien creuser son dos.

Vroum ! Qui pousse une petite voiture juste en dessous ?
C’est son frère Jacques ! Quel petit filou !

Nous sommes les Bébés Yoga.
Regarde tout ce que l'on sait faire !
Tom connaît le chien tête en bas.
Et toi, sais-tu faire cela ?

Sophie et sa maman ont passé une mauvaise journée.

Ben est tombé malade...

La voiture est tombée en panne...

Puis Tigri s'est échappé !

« C'est l'heure du yoga ! »
annonce Maman.
« Respirez calmement
et détendez-vous. »

Oups ! Ce n'est vraiment pas du gâteau
de rester tranquille avec quelqu'un sur le dos !

Café

Deux petites souris se sont roulées
en boule sur le tapis.
Ce sont Tim et Sam dans la position du loir !
Grâce au yoga, ils dormiront à poings fermés ce soir.

Assis par terre, Vivek et sa mamie
s'étirent tout doucement.
« Encore ! » réclame Vivek en riant.

Nous sommes les Bébés Yoga.
Regarde tout ce que l'on sait faire !
Manon imite le papillon.
Et toi, sais-tu garder cette position ?

Vois-tu l'arbre dans le jardin ?
Comme lui, Émilie est droite et immobile.
Quel bel équilibre !
Saurais-tu faire aussi bien ?

À genoux sur leur matelas,
Papa et Gabriel s'étirent au soleil.
Puis, comme le chat,
ils font le gros dos.

Eh oui ! De la tête aux doigts de pied,
nous sommes les Bébés Yoga.

On s'étire, on respire et on s'amuse bien…

... avant d'aller dormir.

La position du chat

La position
de l'arc-en-ciel

La position
du bébé heureux

La position du loir

La position du chien tête en bas